이 상열

세 그루 밀원

애지시선 092

세 그루 밀원

2020년 9월 25일 초판 1쇄 발행

지은이 이상열
펴낸이 윤영진
기획편집 함순례
홍보 한천규
펴낸곳 도서출판 애지
등록 제 2005-000005호
주소 34570 대전광역시 동구 대전천북로 12
전화 042 637 9942
팩스 042 635 9941
전자우편 ejiweb@hanmail.net

ISBN 978-89-92219-93-8 03810

* 후원: 울산광역시 · 울산문화재단
울산 문화재단 '2020 울산예술지원' 선정사업.

애지시선092

세 그루 밀원

이상열 시집

시인의 말

세 그루 헛개나무 아래에서 꿀을 채집한다. 들인 공에 비하면 보잘 것 없는 수확이지만 땀 흘려 일하다 보면 더러 한 편의 시와 한 장 그림도 얻을 수 있으니 반거충이 농사꾼 치고는 쏠쏠한 수확인 셈이다. 무엇보다 넉넉한 그늘이 주는 휴식은 최고의 안빈安貧이라 여기며 지족하고 살고 있다. 세 그루 밀원 아래에서 언제까지 시와 그림과 안식을 얻을지는 모를 일이다.

■ 차례

2부

3부

4부

〈일러두기〉

*본문에서 〉는 '단락 공백 표시'로 한 연이 새로 시작된다는 표시이다.

1부

각혈咯血

꽃 피는 봄은 갔다
지는 꽃은 다 계절 탓인 줄 알았다
쓸쓸한 바람이 녹음 위로 지나갔다
먼저 진 꽃자리마다 짓무른 화농化膿이 피를 토한다
상처 위로 쏟아붓던 한 움큼 에탐부톨 같은
검붉은 열매가 떨어진다
떨어진 자리,
한 땀 두 땀 바늘땀 기억이 시퍼렇게 생생하다
밟힐수록 선명한 붉은 맹서가 아물지 않은 흉터 위에
각인 된다
이지러진 그대 꿈을 친친 짓이겨
혈서를 쓴다
밟을수록 선명한 혈서를 쓴다
아직,
갈빗대 사이 서늘한 바람이 분다
가슴 한켠 아물지 않은 상처가 있다

강돌 만들기
— 조각가 안시형에게

그는 강가에 산다
그도 한때 도시에서 살았다
그는 언제나 돌을 깬다
그는 언제나 돌을 쫀다
그는 언제나 돌을 간다
그 돌의 정체는 도시에서 쓸모를 다한 돌이다
깨고, 쪼고, 갈아서 완성한 그의 작품은
방금, 타조가 낳은 따뜻한 알보다 크거나 조금 작거나
하지만, 타조 알보다 분명 뜨겁다는 사실
언젠가 그에게 조각을 하지 왜 철학을 하느냐며 타박을 주기도 했지만
손등 위 굵은 혈관만이 가쁘게 헐떡일 뿐
알 수 없는 미소만 띤다
그의 전람회는 늘 새로운 갤러리로 붐빈다고 자랑삼아
너스레를 떨기도 했는데,
얕은 강물 속 도드라진 작품 주위로
꺽지, 빠가사리, 모래무지, 퉁가리, 참마자, 피라미, 갈

겨니, 끄리, 참종개 등등

이름도 알 수 없는 수많은 갤러리들이 다투어 분양경쟁을 하는 듯 보였다

수량이 줄 땐 잠자리도 날아와 고상한 연애를 한다며 매우 흡족해 해서

덩달아 흡족해 하기도 했다

오랜 마무리는 강물에 맡기고

쓸모없는 옥돌을 찾아 가끔 그는,

그를 버린 도시로 유유히 흘러간다

개복과 복개 사이

나 아주 어릴 적
적골 감자밭 매던 아버지
불식간不識間
배를 움켜잡고 밭둑을 굴렀네
데굴데굴 굴렀네
고통스런 절규가 생생하게 귓가를 울리네
아버지 쓸데없이 쓸개에 돌을 넣고 아프게
배를 한 자나 열었다네
그 후로 개복과 복개를 반복했다네
아버지 배에는 여적,
지울 수 없는 상흔이 있네
어머니 식겁한 가슴에도 흉터가 있네

나 다니는 길 위에
"복개천 개복 절대 반대!" 라는
알쏭달쏭 구호가 살벌하게 걸려있네
개발이 복개했던 흉물을

또 다른 개발이 개복하는 이 어처구니
덮든 열든, 열든 덮든, 알바는 아니지만
개복과 복개 사이
누군가는 지울 수 없는 상처가 있네
담낭을 짓이기는 아픔이 있네

곰국

어매가 보내준 보약을 달인다
기역자 허리로 도라지밭 엎어져 번 일당 삼만 원
고추 꼭지 따 번 매운 돈
일당 칠천 원에 합이 열흘
연탄 화덕에서 새운 몇 날 밤 정성을 더하여 우려낸
뽀얀 뼈다귀 국물을 달인다
꽁꽁 언 뼛국 뜨거운 국물 될 때까지
차가운 얼음 덩어리에 정지 칼을 박는다
어미에게 박았던 수많은 뾰족한 말들이
되돌아 내 가슴에 얼음송곳을 박는다
뜨거운 국물이 울컥,
목구멍을 타고 넘는다
숭숭 구멍 난 어매 뼈로 곤 보약
마지막 한 방울까지 꿀꺽,
마누라도 안 주고 혼자 마신다

굴절률屈折率

휘청거리는 오후였다
느닷없이 나타난 돌출 계단이 나를 당혹스럽게 한다
새로 낀 안경이 나를 어지럽게 한다
적당히 떨어져 있던 불편한 그가 지척에 온 것처럼,
생소한 물리가 각막을 투과해 내 의지를 왜곡시킨다
늙을 老
노안이란다
빛이 만드는 파장과 파동을 의식의 프리즘은 아직,
인식하지 못 한다
늙음을 받아들이는 일은 불편을 감당하는 일
왜곡된 투상投像을 인정하는 일이다
뜻은 상像 안에 맺혀 있는 열매 같은 것인데,
어지러운 창으로 비칠
확실과 불확실의 경계에서 공중 부양할
수많은 허방다리들이
못내 두렵다

땅이 뜨겁다

이른 꽃 어지러운 난분분 봄날
낮은 산비알 묵 밭귀에 쪼그려 앉아
냉이를 캐는 일은
근본을 헤치는 일이어서 참,
난감하기도 하고
처연하기도 하고
한심하기도 하다
꼭,
흘레붙은 동네 개들을 억지로 떼어놓는 민망한 일 같아
얼굴이 화끈하고 가슴이 황망하다
소용돌이 중심을 따라 휘몰아치듯
땅속을 탐침探針하는 집요한 격정을
깊숙이 손 넣어 뽑아내는 일은 참으로
못할 짓이다

이른 꽃 어지러운 난분분 봄날
땅속을 궁구窮究하는

수많은 근본들의 집요한 교접에
앞산 진달래 두 볼이 발갛고
뒷산 산수유 노랗게 어지럽다

두근두근 실룩실룩 아롱아롱
고갱이 굳센, 뿌리 저 아래에서부터
한 줄기 냉이꽃
허공 중에 하얗게 파정을 한다
순간,
온 우주가 절정이다

녹취록綠取錄

저것을,
저토록 대책 없는 아우성을
입의 말이라 불러야 하나
잎의 말이라 불러야 하나
잎에서부터 입으로
입에서부터 다시 잎으로
무서운 속도로 전이되는 무성한 나무의 말
사이사이
가지 사이로 바람을 할퀴던 말
긴, 암거暗居의 시간
입술이 부르터 피가 터지도록 외쳤던 수많은 말,
지난여름의 녹음,
그 무성한 녹음을 반복 재생했을 수많은 말
그 말이 궁금해
민방위 훈련 날
경계와 공습 사이에 쪼그려 앉아
무성茂盛하고도 무성無聲한 나무의 말들을 녹음했다

꽃맛

저 산과 이 산이 비껴가는 계곡 사이를
휘적휘적 걷다보면
봄물은 질컥이고,
우거진 잡목 사이 진달래 붉은 꽃이 설핏설핏 피었는데,
그 색이 꼭,
늙은 어매 꽃 시절 널어놓던 낡은 서답 같아
참, 황망하고 쓸쓸하다

꿀밤나무 뻗친 가지에는

입 같지도 않은 잎들이 투덜거리며 말을 하는데,
말 같지 않은 말들을 귀 기울여 듣다보면
이 나이 먹도록 자식 걱정 애간장 끓이는
울 어매 지청구 같아
애먼 가지 하나 뚝, 분질러
우적우적 붉은 꽃잎 씹어 삼킨다

꽃맛이 쓰고 떫다

무논

해껏

써레질 하던 누렁 소

뉘엿뉘엿 산 그림자를 핥는다

등허리 위 백로 한 마리 젖은 발을 말리고

논두렁 땅거미 출근을 하면

야금야금

펑펑해지는 적요

상강 무렵

처마 밑 화분에 심은 고춧대 그늘이
돌아앉은 납자衲子의 등짝같이 차고 웅숭하다
춘분을 지나
추분을 건넌 달빛이 밤마다
고추꽃을 튀밥처럼 피웠다
그런 날은 바람도 없이 고춧대가 흔들렸고
개들은 어둠이 이울도록 그림자를 향해 짖어댔다
서리꽃 차가운 상강을 건너기엔
강에 내리는 상현의 달빛도
노루꼬리 마냥 짧은 오후의 양달도
딱 되가웃만큼 모자란데
서리가 오건 말건
강이 얼건 말건
사위는 달무리를 따라 웅달 고추는
날이 새도록 꽃 같은 튀밥을 피워
밤하늘에 콕 콕 박아 넣는
을씨년스러운 상강 무렵이었다

어마어마한 생각

위아래 어금니 몽땅 뽑은 자리
꼼꼼하게 꿰매주셨다
일주일 뒤에 오라 했는데,
한 달이 다 되도록 못 가고 있다
씹는다는 것과 말한다는 것이 불편할 뿐
양치질 시간이 짧아졌고 말수가 줄어서 좋다
만나면 쳐다만 볼 수 없으므로 만남을 집과 편의점으로 제한했다
혓바닥으로 느끼는 실밥이 이물 같다가도
세상 씹는 일만 없다면
씹어 먹으나 뭉개 먹으나 배불러 졸린 건 매한가지
라고 위안을 주다가도
찬밥 더운밥 이밥 보리밥 잡곡밥 고봉밥
실밥 톱밥 눈칫밥에다가 미운 놈 나쁜 놈 치사한 놈 얍삽한 놈을
푸성귀와 묵나물에 참기름 한 술 고추장 큰 거 한 술 넣고

넓은 양푼에 쓱쓱 비벼
아귀처럼 씹어 먹고 싶다는 생각을 문득 했다

후식으로 밀양 얼음골 꿀사과 한 알
아작아작 우적우적
깨물어 먹고 싶다는 어마어마한 생각을 생각만 했다

옹기골에서 한때

가을볕 따가운 날
옹기골 낡은 가마엔 사금파리 갈라지는 소리 쨍쨍 들렸다
누가 꺾었는지 목 떨어진 들국화 몇 송이
노랗게 말라가고 있었고, 가는 계절이 나는 조금 허우룩해서
들국화 몇 송이 목을 분질러 사금파리 무덤에 가을을 더했다

대나무 그림자가 일렁일렁해서 잔디밭에 털썩 앉아 그림자놀이를 하다가
잔디를 한 움큼 뜯어 공중에 날려보기도 하고,
소복한 토끼풀 사이에서 턱도 없이 행운을 찾기도 했다
막막하고 맥적은 오후가 그렇게 흘러갔는데,

살그머니 손등 위로 기어오르는 외다리 방아깨비
여린 무릎이 하도 가여워 방아 한번 찧지 못하고 토끼

풀 사이로 너를 보냈다
뒷모습이 한없이 머줍어서, 눈을 뗄 수 없었으나
금세 초록이 되어 참 다행이다 싶었다

후끈,
옹기가마 뜨거운 열기가 오후의 양달에 분연噴煙을 더해 매콤 쌉쌀했다
담 너머 고샅길 감잎 몇 장 바람에 솔깃,
맑은 가을귀로 붉게 떨어지는 옹기골 오후였다

측백나무 수문장

집 앞을 지키는 수문장 둘 있다
10년도 더 부렸지만 월급 한번 주지 않았다
이를테면 고용승계라 할 수 있는데
가타부타 말이 없다
상냥한 미소나 친절한 인사 그런 건 바라지도 않지만
기분 좋게 취한 날이나 더럽게 취한 날, 더러
멱살 잡고 삿대질 해댄 적 있었다

볕뉘 고운 어느 해 봄
낮술에 취해 "야! 목석 같은 자슥아!" 할 때도
아지랑이 바람에 간들간들 알 수 없는 표정만 짓거나
작달비 쏟아지던 여름밤 한마디 대꾸도 없이
폭풍 주사酒邪를 다 받아주고
귀때기 시퍼렇게 한설이 몰아치던 선달그믐
서럽게 길던 소울음도 어제 일인데

짙은 민무늬 전투복은 어디 가고

해지고 바랜 누추한 근무복 입고
꼿꼿하게 기립해 있는 화분 속
측백나무 두 분盆
오늘도

"근무 중 이상 무!"

이어 달리기

아침마다
달리는 중년의 사내가 있다
진화가 덜 된 사이보그처럼 위태위태한 걸음이다
한 손에 바통을 움켜쥔 듯 경직된,
몸의 반쪽이 또 다른 몸의 반쪽을 끌고 간다
초점을 잃은 그의 시선을 따라가 보면
너무 빨리 달려 울컥, 넘쳐버린
차갑게 식은 엔진 하나 널부러져 있다
넘지 말아야 했을 붉은 경계,
나도 너도 넘나든 아슬아슬 경계의 언저리에
심장이 터질 듯 달려야만 했던 젊은 그가
퍼져버린 검붉은 가슴을 안고
식은땀을 질질 흘리고 있다

슬로슬로 퀵, 퀵,
슬로슬로 퀵, 퀵,
〉

기필코, 다시 달리겠다는
결연한 의지가 앞서가고
폐지 할머니 손수레가 앞서가고
지나가는 길고양이가 물끄러미 앞서가도
그는 오늘도
투명 바통을 한 손에 들고
최초의 직립보행을 했던 그의 유년과 이어 달리기를 한다

슬로우 슬로우 퀵, 퀵,

토좌입상지장보살土座立像地藏菩薩

부처님 오실 즈음
삼년 묵은 대파밭 불두화 피었네
온 세상 보시하러 불두꽃 만발했네
벌 나비
나발螺髮 위 잔치를 열었네
탐진치貪瞋癡 삼독심三毒心
어려운 말 관심 없는
나는야 오신채五辛菜
속 비워 가벼워진 와불 위에도
쪼글쪼글 말라버린 열반불 위에서도
시끌벅적
야단법석
부처님 오셨다고 잔치를 하네
여래세존 오셨다고 잔치를 하네

2부

노모차老母車

노모차는 근래 출시된 친환경 경노애친敬老愛親 차량이다

노모차의 다른 이름은 실버차 혹은 보행보조차로 불리기도 한다

이 차는 엄격한 규정에 의거 아무나 운전할 수 없는 특수 차량이다

노모차를 애용하는 노모차전국연합老母車全國聯合에서 암묵적으로 제시한 운행자격 및 주의 권고사항을 살펴보면 다음과 같다

첫째, 맞벌이 자식을 둔 할머니로서 첫 돌부터 유치원 입학 전까지 손자를 태우고 주행연습을 한 경력을 통장이나 이장을 통해 확인할 수 있어야 한다

둘째, 40년 이상 과도한 노동으로 고질적인 척추 협착증이나 퇴행성관절염 내지는 골다공증을 앓고 있다는 의사의 소견이 첨부 되어야 한다

〉

셋째, 인도人道에서는 6·25동란 후 출생한 젊은이의 보폭을 추월해 운행하거나, 내리막 차로에서 옆 차량을 추월하여 운전자의 간담을 서늘케 하는 행위를 금지한다

넷째, 미 자격자가 노모차를 이용해 교통 병목구간에서 상습적 상행위를 했을 시 노모차전국연합 회원이 될 자격을 영구히 박탈한다

다섯째, 졸지에 부자가 된 자식이나 먼저 간 영감님이 남겨주신 재산으로 과도하게 차량을 치장하여 안전운전에 지장을 초래하거나 위화감을 조성해 마을에 풍파를 일으키는 일의 자제를 권고한다

여섯째, 차량이 노후 되거나 싫증이 나거나 옆집 할머니가 더 좋은 노모차를 뽑았을 때는

가차 없이 손자에게 전화하거나 바퀴 하나를 뽑아 버리고 며느리에게 전화한다

〉

일곱 번째, 아들집 전화번호가 아른아른하거나 손자 얼굴이 가물가물하거나 먼저 가신 영감님이 젊은 모습으로 비단금침에 드시거나, 하는 현상이 반복되면 노모차를 깨끗이 닦아놓고 편안하게 왔던 길을 되짚어 가시면 된다

돌돌돌,

놈삐*

검은 담 너머
군인들이 도열해 있었다

차귀도 가는 길목 한경면 고산리에서였다
일제히,
푸른 철모의 군인들이 보무도 당당하게 씩씩
지나가는 것이었다

흠칫,
놀랐지만 적의는 없는 듯 했다

잠시,
차에서 내려
사열 받는 지휘관처럼 오와 열을 점검하며
밭담 사이를 뚜벅 뚜벅 걸었다
오와 열을 못 맞춘 병사는 어디에나 있어서
삐뚤한 허벅지를 발로 찼다

툭,

툭!
툭!!

꿈쩍도 하지 않는 삐뚤 허벅지는
알고 보니
온전히 겨울을 건넌 맵고 단
제주 월동 무였던 것이었다

* 놈삐: 무의 제주 방언.

대숲 고양이는 돌아왔지만

창밖에 가을이 매달려 있다
감꽃 툭, 툭, 떨어지던 늦봄을 지나
감물 시퍼렇던 광풍 속 장마전선을 지나
오롯하게 반짝이는 저 붉은 광휘 아래
푸른 눈 대숲 고양이 살고 있다
태생이 길 위라서 가끔 숲을 비우지만
여름과 가을 사이 풋감과 홍시 사이
숲은 내내 비어 있었다
대숲에 이는 바람은 시나브로 잦아들었고
나는 고양이를 더 이상 찾지 않았다

대숲 고양이는 돌아왔지만,
나는 가야 하고
너나 나나 부박한 생
길 위에서든, 어디서든 시퍼렇게 살아남자

혹여,

다음에 만난다면 내가 밥 한번 쏜다
참치와 닭 안심 통조림 콤보 세트로!

들밥

안동병원 응급 중환자실
기계가 뿜어주는 공기로 생존하고 있는
아버지 동공은 응급실 천장 너머 저 멀리
어딘가를 주시하는지 알 수 없고
아버지 묶인 두 손에 남아있는
온기를 느끼던 마지막 밤이 지나고
눈물도 없이 그만
아버지 손을 놓쳤다
앞서가는 아버지를 따라가는 길가엔
조등을 밝힌 등꽃이 새벽을 열었고
덜컹,
아버지 청춘을 바쳤던 철로 너머
통근열차가 느리게 지나가고

〈들밥 주문 배달합니다〉
〈가는 정 오는 정 T.635-5805 영주시 영주로 334. 청구 하이츠 상가〉

〉

엄마가 이고 온 따순 들밥을
오순도순 나눠먹던 연못가 뗏장 위 아버지 자리가
문득 생각나 눈물이 핑 돌았다

인터내셔널 제비

남포동 국제시장에 제비가 산다
꽃제비가 아니다
박 씨 물고 왔던 남쪽 나라 제비 한 쌍
완구 가게 차양 아래서 새끼를 기른다
이를테면 원정출산에 조기교육이다
나라님도 버린 우울한 농촌 버리고 제비 가족
국제시장에서 국제적으로 산다
문화적, 경제적으로 피폐한 양촌리의 흉흉한 소문을 제비도 들은 걸까
인터내셔널 제비 부부
메이드 인 차이나, 메이드 인 타일랜드, 메이드 인 베트남, 메이드 인 남쪽 나라
온갖 풍물과 풍문과 먹을거리를 물고
오늘도 바삐 새끼를 기른다
국제도시 부산 한복판 인터내셔널 마켓에는
자식새끼 날려 보낸 외로운 기러기보다 현명한
제비 가족이 산다

띠띠물

봉화 띠띠미 마을에서 길을 잃었네
뒷띠물, 띠띠물, 이름도 고와라 산골짜기 산수유마을
어매는 띠띠물이라 했네
띠띠물 너머 앞 결, 앞 결 건너 뒤 결
어매는 뒤 결에서 앞 결 건너 띠띠물 산수유 아래
봄 소풍 왔다 하네
방실방실 꽃 방실 방년 어매가
어질어질 꽃 멀미 하고 있네
고샅 너머 꽃그늘 아래
열여덟 어매가 봄나물 캐고 있네
달래, 냉이, 속세
희끗희끗 세치 없은 중년의 사내
어럽게 앉아 꽃놀이 하고 있네
달래 냉이 씀바귀 봄나물을 캐고 있네
뒷띠물, 띠띠미, 띠띠물에서 어질어질
한 철을 건너고 있네

부지깽이

봄나물을 먹었네
무쳐먹었네
봄나물을 먹었네
데쳐먹었네
그냥 나물인줄만 알고 먹었네

삽작 밖으로 달려오는 부지깽이 어매와
삽작 멀리 도망가던 어린 내가
울컥,
목구멍에서 만났네

어매가 던진 부지깽이 끄트머리엔
숙제 안하고 놀기만 하는
아들 향한 애증이 박혀있었네
숯처럼 까맣게 탔을 젊은 어매

그런데, 어매!

어매는 내가 부지깽이 들고 먹고 살줄
어째 알았니껴?

붉은 등 앞에서 물끄러미

멀리 자그만 손톱 달을 미끄럼이라 할까보다
미루나무 꼭대기에 걸린 미끄럼 타러
허리미, 배징기, 뱀바우 빙 돌아
사령당 무너진 봉화대에 올라 신나게 타던
그 시절 손톱 달을 미끄럼틀이라 할까보다

인정도 사정도 없이 싹둑 잘린
손가락 없는 플라타너스 몽당팔 위에 걸친
저 조각달을 조선낫이라 할까보다
소꼴에 땔감에 밤낮없이 벼리고 갈았던
부모 없어 빈한했던 아버지 유년
숫돌처럼 움푹 파여 아귀가 딱 맞는
저 조각달을 조선낫이라 할까보다

허리미, 배징기, 뱀바우, 사령당 봉화대는 까마득하게
멀어
나는 아버지 조선낫을 타고 놀았다

큰아들 미끄럼 놀이에 더욱 얇아진 낮
부메랑처럼 돌아오지 못할 아득한 달의 뒤편을
골똘히 생각하고 있는데,

뒤차가 경적과 상향등과 삿대질을 퍼붓고
옆 차선으로 휙 지나갔다

세 그루 밀원蜜源

긴 밤이었나
꿈은 개꿈이었나
개가 사람 말을 지껄였던가
토막잠이 벌써 사흘이었나, 나흘인가
혼몽한 머리를 이고 세 그루 나무 밑에 앉았다
찬 커피 한 모금 마신다
각성한 안경 너머 청경채 꽃 피고 있다
청경채는 꽃이던가
꽃밭 위 나비 몇 쌍 어지럽게 춤을 추고
귓가로 꽃별이 후두두 떨어진다
이 꽃은 꽃별인가 별꽃인가
또 다시 혼몽해지는 머리를
감싸는 찰나,

붕, 붕, 붕,

온몸이 다탁과 함께

헛개나무 우듬지 위로 떠
한참을 머무는 것이었다
하마터면 커피를 엎을 뻔했지만 무사히 안착했다
잠깐,
꿀잠을 잔 듯 새뜻했다

신호등

신호등을 건너는 일은
달력을 넘기는 일

시침으로 걷다가
분침으로 뛰다가
초침으로 헐떡이는

달력을 넘기는 일은
까치밥이 달려있던 구랍舊臘을 기억하는 일

찢긴 나날
더디 쌓인 찰나

신호등을 건너는 일은
찰나를 박차고 날아간 화살을
바라보는 무람한 시선
〉

까치 떠난 빈 가지 사이로 이는 파문
맥박처럼 깜박이는
푸른 신호등

아버지 고양이

지난겨울 119타고 입원하셨던 아버지
새순 돋는 봄날 요양병원에서 걸어 돌아오셨다
마당에 세워진 오토바이를 만지작거리거나 양지쪽에 앉아 처마 밑
대가족을 이룬 고양이들을 멍하게 바라보셨다 한다
고향에서 농사짓는 환갑 앞둔 사촌형님이 아버지 오토바이를 타고 가셨다
대퇴골이 부러져 몇 번의 수술과 몇 달간의 입원을 한 뒤였다
파자마 차림에 오토바이 헬멧을 쓰고 더러 동네를 배회했다는 이야기를 어머니께 들었다
마당 한쪽을 차지한 화분을 거실로 옮기는 사이 감잎이 후드득 떨어졌고 고양이 가족도 떠났다
양달이 짧아지고 장독대 위도 휑해서 아버지는 연탄불 갈 때 외엔 출입이 뜸했는데,
어느 날 아버지 거처하는 방에서 들리는 아기 고양이 소리에 방문을 화들짝,

열어 보니 노끈에 묶인 새끼 고양이 한 마리가 똥오줌을 싸질러 놓고 냥냥거리고 있더라고, 기가 차고 어처구니없어서 긴 지청구를 뾰족하게 퍼부었다 한다

영주 장날 3,000원 주고 산 고양이와 빨강색 고양이 방울을 사서 휘청휘청 딸랑딸랑 걸어 오셨을

영동선 철다리 아래 아버지를 지탱하던 긴 그림자와 아기 고양이 팔딱거리는

심박이 그려졌다

파자마 바람으로 가셨는지, 오토바이 헬멧을 쓰고 오셨는지는 목격자가 없어서 듣지 못했다

절애切愛

또다시 어둠이 몰려왔다
모니터 위 날벌레 몇 마리 움직이는 커서 위에서 미동도 없다
분노와 절망의 시간 동안 내가 할 수 있는 건
눈물을 삼키며 밤새 마우스를 괴롭히는 일 뿐이었다
손에 잡히는 일이란,
마우스를 움켜쥐고 날벌레를 응시하는 일 뿐이었다

지독한 원망은 독화살이 되어 불면의 밤마다 명치를 찔렀다

마우스, 마우스, 마우스, 마우스, 마우스,
마우스 왼쪽 버튼과 키보드 자판으로 때려잡은
수많은 마우스를 마우스 오른쪽 버튼을 눌러 영원히
삭제하고 싶었다

그가 날아간 아득한 절애絶崖

날벌레 한 마리
가만히 조문을 간다
삶과 죽음의 경계가 액정보다 투명하다
선과 악의 경계가 밤낮보다 선명하다

청량과 온산 사이

바다가 더 가까워졌다
길은 욕망을 부추겨 불면의 신새벽
푸른 등 고등어 펄떡임이 바람벽에 부딪는 멍든 파도로 일렁였다
청량과 온산 사이, 길은 넓고 평탄했으므로
옛길에 무수히 열렸던 앵두와 오디의 달콤함을 잊기에 충분한 속도였다
정체를 알 수 없는 악취는 욕망을 앞질러 후각으로 성급하게 침투했다

석유와 화학이 만든 찌꺼기는 속도와 거리와는 무관한 미증유의 기체일 뿐이지만
온산과 청량 사이 구름으로 위장한 봄비와 는개비에 촉촉이 젖은 상추와 오이를 혹여,
당신과 맛있게 나누어 먹었을지도 모를 일이다
바다는 여전히 잔잔했고 초릿대도 잠잠했다
석축 끝 붉은 등대 위로 무수한 잔뿌리를 거느리며

욕망의 근원이 둥글게 떠오르고 있었다

순간,
초릿대가 바다 쪽으로 휘청,
팽팽한 낚싯줄 끝으로 전해지는 묵직한 해의 무게
불타는 전의로 욕망의 무게와 거칠게 사투를 벌였다
포말 속,
배와 등을 뒤집으며 놈이 얼굴을 비치는 순간,
낚시 대를 튕기며 토하는 단말마斷末魔

뚝!

푸른 집 혹은 솔잎혹파리

성성한 겨울 숲
점, 점, 티눈처럼 박혀있는
저 푸른 봉분을 무엇이라 불러야 하나
뜬금없는 저 부조화를 무엇이라 불러야 하나
바람이 자고 간 침구인가
푸른 버튼 꾹 누르면 옹달샘 물 한잔 시원하게 마실까
볼록 나온 돌출이 양극이라면
양극을 따라 토층을 헤치고 암층을 두드려 맨틀을 지나면
지구 뒤편 어디 고요하게 고인 음극이나 있을까
의혹 덩어리가 불치라는 항설과
불거진 의혹마다 더 커지는 변명이
거쳐 온 적막보다 더 공허하여
지나가던 노루가 귀를 쫑긋 세우고 콧방귀를 뀌는데
환부의 근원을 따라가면
푸른 지붕이 나온다는 혹자들의 억측 또한 난무하지만
골짝, 골짜기마다

출렁이는 산비알
비알마다 진달래 꽃등 환하게 밝힐
봄은 올 것이나 아직,
상수리 우듬지를 지나는 낙막落寞한 바람은
쇠기침처럼 깊다

탐매행探梅行

머문 자리 흉하다고
눈 감을 수 있나요
안 보면 그만이라 외면할 수 있나요
동지섣달 긴긴 밤
한설을 밟고
북풍을 건너
맨발로 오셨지요
시린 발목 호호 불며
조근 조근 오셨지요
그러게
볕뉘 고운 미쁜 날
목련이랑 동무하며 쉬엄쉬엄
오시었으면
월매도月梅圖 한 폭 그려놓고
꽃그늘 앉아 주고니 받거니
매화음梅花飮 즐길 수 있었는데
그저, 아쉬울 밖에요

3부

굿바이 삐에로

태화강의 명물 총각 마담이 별이 되었다
미디어는 스타의 죽음을 중계방송 했지만,
지방지 한 귀퉁이도 그의 부고를 타전하지 않았다
그의 빨간 루즈에 묻어나는 웃음을
어색한 표정으로 조우한 적 있었다
웃음 뒤에 감춰진 허허로운 슬픔을 나는 알지 못했다
울기 등대 밤바다에서 지난했던 광대의 삶을 반추했으리라
밤바다 차디찬 공기보다 뼛속 사무치는 이생의 미련
총총히 떠있는 별보다 많았으리라
이제, 그의 몸짓과 파안을 더 이상 볼 수 없지만
그가 이생에 남긴 온정처럼
강가에 가면,
한잔 따뜻한 봉지커피가 몹시도 그리울 것이다

꼭두

숙골할매 삼산할매 꽃상여 타고 골마로 허리미로 가신지 오래
아득한 요령소리, 슬픈 만가도 잊은지 오래

서러운 전설이 아홉 구비 휘돌아가는 순홍 피 끝 마을에서
돌아가신 할매들 살아서 만났네
할매들, 처녀 적 얼굴로
방싯,
웃고 계시네

모시적삼 소매에서 꺼낸 들깨강정 한 움큼
고소하게 좌판에 퍼져가네
어서 와 쉬었다 가라, 앉은뱅이 의자 내어 주시네

더께 얹은 양 손목 따뜻해졌네
만장 들고 쫓아가던 황천 가던 길

〉

망초꽃 흐드러지고
꽃뱀이 뱉어 놓은 침 무더기
찔레나무 아래 끈적끈적하고
뱀딸기 초록에 콕콕 박혀 있었네

낙어落魚

죽어 되사는 가벼운 것들이 있다
는개비 내린 스산한 가을이
무다이도 덜퍽진 날
보 터진 어도를 타고 넘는,
큰물에 둑 터진 양어장 물고기처럼
가로수 물길을 따라 어린 낙어들
우
수
수
와르르
가을소풍을 간다
오매불망 간절한 나들이
소풍 나온 유치원 아이들 마냥
온통 왁달박달 맨망스럽다

버들잎 참종개
느티나무 잎 꺽저기

벚나무 잎 버들붕어
팽나무 잎 각시붕어

할매 할배 그득한
(주)황혼관광버스를 바투 쫓아
푸드득,
퍼드득,
우르르,
자발없이 쫓아간다

목혈木血

그 교차로에 우연히 서 있던
나무가 아니었다면
선혈을 뿌리며 그녀는
그 자리에서 목의木衣를 입었을지 모를 일이다
요란하게 울리던 경광등
웅성거리는 사람들
두 발로 혹은 네 바퀴로 표표히 사라진
적의와 살의가 말끔하게 치워진
그곳에는
여전히 나무 하나 서 있다

교차로에 우연히 서 있던
그 나무가 아니었다면
혈기와 취기를 싣고 폭주하던 청년은
붉은 눈물로 푸른 수의를 적시고 있을지 모를 일이다
나무가 받아낸 미친 속도와
나무가 흡수한 끔찍한 굉음은

우연한 나무의 일일 뿐
사람들
나무를 지나쳐 제 갈 길을 간다
가지 사이 비수 같은 바람이 분다
우듬지를 흔들며 나무가 간다

불시착

철모르는 가을 작달비*
뺏골이 쑤시도록 퍼부은 날
앙상한 가장이 끝
붉은 이파리 하나 고빗사위* 애달프다

낙엽이야,
건들건들 건들바람이 거두겠지만

배 터져 흩어진
저, 여린 박주가리 씨앗은
어느 길섶에 박혀 넌출넌출 꺽지게* 살아갈까

계절은 귀살쩍고*
내 가라사니는*
오줄없다*

* 작달비: 굵고 거세게 퍼붓는 비.
* 고빗사위: 아슬아슬한 순간.
* 꺽지게: 억세고 용감하게.
* 귀살쩍다: 흩어져 뒤숭숭하다.
* 가라사니: 사물을 판단하는 지각이나 실마리.
* 오줄없다: 하는 일이나 태도가 야무지지 못하다.

뾰족한 것에 대하여

온몸에 가시를 박고 산지 어언 반백 년
갈수록 위장술은 교묘해져 아무도
가시에 대해 묻지 않는다

고욤나무꽃은 뱅그르르 밤새 떨어져 아궁이 앞이
하얘졌다
흙담 구멍으로 훔쳐보던 금자누나 엉덩이는
달뜨는 날 유난히 하얘서 선명하다

외할머니는 그즈음 돌아가셨는데
잠결에 만지작거리던 외할머니 젖꼭지가 꼭
마른 고욤 같아 여전히 또렷하다

감청색 교복을 접어놓고
타지 이발사와 도망간 금자누나 소식은
그믐같이 깜깜해서 더 뚜렷하다
〉

감꽃 피는 계절이 오면
흙담과 고욤나무 꽃자리와
고욤을 퍼 먹던 긴 밤, 싸락싸락 눈 소리와
장침을 쓱쓱 닦아 빵구난 양말을 꿰매 주던
삼십 촉 외할머니 생전이
지난 꿈처럼 아파
불 주사 맞던 그날처럼 엉엉 운다

동백꽃 피에타
— 도미야마 다에코* 판화를 보고

직근直根으로 와 통꽃으로 갔다

담을 수 없는 통한으로 갔다

붉은 흙 위 더욱 선연한 핏자국

야만의 시간은 침묵을 강요하지만 꽃은

오늘도 피고

내일도 피어

지축을 흔드는 함성으로

결단코 살아낼 것!

* 도미야마 다에코: 5월 광주를 세계에 알린 일본 민중 판화가.

서늘한 시점

높은 데서 보았네
버스 타고 보았네
뻔질나게 다니던 길에서 처음으로 보았네
푸른 잇바디에 숨겨둔 송곳니 하나
높지 않은 산 중턱
삐죽,
튀어나와 바람을 벼리고 있었네
날 선 바람이 버스를 따라오네
뒤통수가 서늘하네

그림 선생 30년
아이들에게 매일 시점視點을 가르쳤네
앉아서만 가리켰네
입으로만 가리켰네

그리고 보니 나는 참,
한심한 눈높이 선생이었네

유리무학문단호매병琉璃舞鶴紋短壺梅甁

연전에 있었던 일이었다
진달래 붉은 얼굴로 비탈을 애처롭게 부여잡고 있었고
선사의 기운이 내려앉은 새벽 강 상류는 서늘했다
낙엽 밟는 소리에 깨어난 강물이
반석磐石을 돌아 돌돌돌 귓가를 울릴 때 즈음,
바위그림 위로 태양이 들어와 박혔다
극명의 이면이 선명하게 드러났다
선명한 이면의 굴곡을 따라
바쁠 것 없는 시간 여행을 떠났다
반짝이는 봄볕이 하도 따사로워
까무룩, 시간을 놓쳤다
빨개 벗고 춤을 추는 선사인들 사이로
신라 화랑들 장끼 깃 휘날리며 말 타고 지나갔다
태양문太陽紋 그림 위로 화살이 날아들기도 했고
나는 움찔했다
의관을 정제한 선비들이 갓도 안 벗고
권번 기생들과 술판을 벌이기도 한 것 같고

턱 밑이 새파란 군인들이 M1을 집총해 놓고
노숙을 하기도 했다
별도 달도 없는 그믐에 아들 하나 점지해 주십사
굿판을 벌이는 대가 집 며느리는 그렁그렁
강물에 눈물을 보태기도 했다
숙취의 월요일처럼 머리가 무거웠고 가슴이 답답했다
얼마나 시간이 흘렀을까
반짝, 바위그림 뒤로 무언가 나를 이끌었다
귀신에 홀린 듯 퇴적과 융기를 허겁지겁 거슬러 올라
반짝이는 물체를 조심스럽게 발굴했다
그것은, 무학舞鶴이라는 그림이 얕게 상감된 비취빛 술병이었다
연전의 일이었고,
공익과 사익 사이에 갈등과 번민을 거듭하다가
소장을 결심하고 어렵게 이름을 지어
즐겁게 완상하고 있다

오복五福

공업탑 맛집
로타리 식당은 복 받을 꺼다
된장찌개 하나 시켜도
점심시간 넓은 자리 차지하고
조간신문 오늘의 운세까지 읽고 앉았어도
눈치 한번 안 준다
맛은 기본에 인심까지 좋아서
자주 간다
무엇보다 푸짐한 밥상과
잊지 않고 챙겨 주시는
내 맡겨놓은 송곳니
오복가위를 단 한 번도 잊은 적 없다
소독은 매일 하시는지는
안 물어봤다

집적적 소경集積的 小景

새벽별 반짝이는 어스름
두충나무 화분에 뜨끈한 거름 주고
바지춤을 추스르는데
나무그림자가 부르르 떤다

농담濃淡 없는 담묵淡墨 평면
기운처럼 번지는 푸른 이내
선염渲染으로 물드는 초록 기운
두충나무 초두梢頭

퉁퉁 불은 입술로 뱉는 첫 마디
푸르르,

징소리

징하게
파란 하늘에 파문이 인다
갈걷이 끝난
다랑이 밭 감자고랑을 타고 넘는
바람 무늬 같다
파문으로부터
소리의 중심을 찾아
귓바퀴를 세운다
바퀴 둘레로 너울너울 잘 익은 가을 냄새만
폴폴 풍긴다
여전히 소리는 어디에도 없는데
잠자리 한 마리 파문 위로
빨간 실금을 찍
긋고 날아간
찰나,
갈라진 틈새로 투사되는 부챗살
양떼들과 놀아주던 해님이

쨍, 하고 나타났다 사라진 하늘 위로
늙은 수세미 하나
둥, 둥, 둥 쟁쟁
가을 하늘을 두드리고 있다

채식주의자

돌칼과 돌도끼는 집에 두고
목장갑 끼고 온 산을 헤집었다
산돼지 가족은 나를 본체만체 가기도 하고
고라니는 골짜기를 다 깨울 듯
노랑먼지가 뿌옇다

그 골짜기에 언제부터 박혀있는 개 뼉다구를
오늘 조심히 발굴했다
풍화된 두개골은 부스스 떨어졌지만
여전히 결속된 이빨
날것을 씹던 육식의 날들이 가보지 못했던
선사처럼 멀다

들숨,
치근齒根으로 엄습하는 얼음송곳
날숨,
귓바퀴 위로 전이되는 편두통

〉

고사리 허리를 똑,
분지르면 사라지는 신기한 통증
처방전 없는 진통제 한 아름 꺾어들고
나물밥 먹으러 간다

맛없는 고기는 이제 그만 씹어야 한다

풀담

알 수 없는 근원이 달려온다
휴경지를 건너온 침략자들이 노도처럼 밀려든다
고춧대를 감싸 돌던 어린 손을 잡아당겨 낫질을 한다
호박넝쿨에 똬리 튼 음흉한 눈길을 가차 없이 절단 낸다
살랑살랑 오이순을 꼬드기는 혓바닥을 향해 칼춤 춘다
허공중에 흩어지는 낭자한 조소嘲笑가
앞산에 부딪혀 공명한다

근원은 있으나 근본에 닿지 못하는 갈등
한 뼘 경계를 넘는 그깟 자존을 지키기 위해
자르고, 베고, 뜯고, 뽑아
앞산보다 높은 담을 쌓는다
원수를 무찌르는 비감함으로

구장만리九墻萬里
풀담을 쌓는다

4부

목도*기행

목도目島에 갔어요
눈을 닮아 목도라 했다지요
동백섬이라고도 하지요
꽃피는 동백섬에 봄은 왔건만,
꽃은 어데 가고
말라죽은 곰솔만이 장승처럼 서 있데요

목도에 갔어요
죽도竹島라고도 했다지요
대나무가 많아 죽도라 했다지요
식생도 쏜살같이 변하나 봐요
바람을 벼리던 서슬 퍼런 댓닢 소리는 어데 가고
몰락한 사대부집 봉당에 기대선
초라한 죽장竹杖만이
죽지 못해 살아 있데요

목도에 갔어요

춘도椿島라고도 했다네요
역전 유곽 기둥서방 같은 싼 티 나는 이름으로
강점기를 살았다지요
춘도, 춘도, 춘도,

지그시 눈을 감고
입술을 둥글게 말아 촌스런 이름
춘도를 불러보아요
그 시절 풍경이 아련하게 그려지네요
하늘은 청명하고 봄꽃은 흐드러지게 피었는데
온산溫山은 따스하고 갈매기도 짝을 찾고요
온몸이 근질거려 참을 수가 없네요

비로도 치마에 양단저고리
포마드 기름에 가다마이 걸치고
비스듬 뱃전에 기대어 휘적휘적
한 세월 건너

목 메이게 불러보아요

춘도를 불러 보아요

* 목도: 울주군 온산읍 방도리에 있는 상록수림.
천연기념물 제65로 지정되어 있다.

슬도瑟島*의 노래

바람과 파랑이 만드는 현의 노래
그대 들어 보았나

가까워 오히려 멀어진 인연처럼
그리움에 지쳐 섬이 된 적 있다
억겁 혈거의 시간이 온몸에
시린 바람구멍을 만들었다

마성을 달리던 노도 같은 격정의 세월은
이제 한 몸으로 이어진 숙명의 길이 되었다
더 이상 성 끝에서 금슬琴瑟이 주고받는
애틋한 연가를 들을 수 없지만
먼 바다
귀항하지 못한 서러운 영혼들의
안식을 위해 섬은
오늘도 쉼 없이 비파를 탄다

* 슬도: 울산 방어진에 있는 바위섬. 파도가 바위에 부딪칠 때 거문고 소리가 난다 하여 슬도라 불린다.

아모르파티

오후의 햇살 직격하는
식물원 유리 천정
한대를 뚫고 도착한 햇볕이
금세 뚱뚱하다

둥실둥실 풍선으로 떠 있는
고무나무 둥근 잎
그늘 막 드리운 바나나는 커다란 꽃을 달고
황금색 천사의 나팔이 부는 탱고 리듬에 맞춰
겅중겅중 스텝 밟는 부겐빌레아 붉은 포엽苞葉
주렁주렁 오렌지 아줌마 주스 팔기 바쁜데
금귤나무 아이들은 착하게 앉아 공기놀이 열중이다

드레곤 플룻 꽃 조명을 밝히는 시간까지
열대의 연회는 그칠 줄 모르는데

고무나무 풍선이 팡, 팡 폭죽으로 터지는

뜨거운 열기,
투명한 경계에 선 키 큰 선인장 아저씨
은근한 달님 표정으로 그만하라며 팔을 내젓는
경계의 안쪽은 훙건하다

연회의 열기가 주춤한 사이
경계를 뚫는 뾰족한 시선 하나

살얼음 버석한 물그릇 쓱, 핥고
돌아서는 턱시도 고양이
달빛도 없는 공학관 쪽으로 간다
보타이도 턱시도도 벗어버리고 간다

총, 총, 총,

정토사거리

공원묘지 앞으로 길이 뚫렸다
직진으로 뚫렸다
소로 길도 아니요
고샅길도 아니요
둘레 길도 아니다
시방정토사통팔달신작대로다
켜켜이 쌓인 중생대 혹은 고생대 암층이 붉다 못해 검다
죽음보다 아득한 돌의 잠,
저 단단한 침잠을 깨우는 거대한 기중기
시도 때도 없이 울리는 굉음
잠 못 드는 슬픈 유인孺人들
수많은 학생부군신위學生府君神位 여러분
밤낮 없이 진동하는 검은 상석 사이를 연기처럼 빠져
나와
한마디 하신다

"제발 잠 좀 자자!"

아, 만달레이*

무르팍 시리도록 추운 날은 만달레이에 가보아요
낭만 가득, 사랑 가득, 따뜻한 남쪽나라 만달레이에 가보아요
만달레이 언덕에 올라 해지는 황금도시를 굽어보아요
그대 눈가에 흐르는 대책 없는 눈물마저 금빛으로 빛날 거에요
황금윤슬 일렁이는 이라와디 강가에 고요히 앉아 강물처럼 흘러가 보아요
걱정 근심 풀어놓고 강물따라 흘러가 보아요
그대 흘렸던 눈물의 의미는 강물과 한 몸이 될 거에요
그렇다고 강물에 풍덩 뛰어들진 마세요
저 멀리 수면 위로 눈알을 부라리며 당신을 주시하고 있을 악어
혹은, 이빨 사나운 피라니아가 살고 있을지 모르니까요

가랑이 시리도록 추운 날은 만달레이에 가보아요
바나나 농장 짙푸른 녹음을 가로질러 설렁설렁

남쪽나라 뜨거운 태양에 마음을 녹여 보아요
비 오듯 땀이 흐르고 나면 한 뼘 그늘이 참말로 고마울 거예요
작열하는 태양이 두렵다면 그늘 아래서 잠깐 오수를 즐겨도 좋아요
꿈은 꾸던지 말든지 당신 뜻대로 하시고요
너무 깊이는 잠들지 마세요
남아 있는 태양보다 빨리 우베인 다리에 가야 하니까요
다리 아래에서 기다려 보아요
기다린다는 것의 의미가 새삼스러울 거예요
시시각각 떨어지는 둥근 불덩이를 보면서 다시 한번,
그대 눈가엔 금빛 눈물 대책 없이 흐를 거예요
그땐 창피해 하거나 닦지 마세요
다들 그러고 있으니까요

옆구리 시리도록 추운 날은 만달레이에 가보아요
작열하던 태양이 수면 아래로 가라앉고도 한참동안

여전히 도시는 뜨거워요
궁전을 둘러싼 해자가 없었다면 궁전은 불 보듯
불바다가 됐을 거에요
만달레이 궁전은 날이 새도록 뜨거워요

훔쳐보지 마시고 둘이 가세요
이 밤이 다 가도록 뜨거운 열대의 밤
천년, 티크나무에 불을 지펴 보아요

* 만달레이Mandalay: 미얀마 중부에 있는 만달레이 주의 주도.

바람의 말씀

구름천지 안개천지에서 티베트를 만났네
모호한 실체처럼
만져지지 않는 연무 속
구릿빛 피부 살가운 미소의 선한 사람들이 있었네
펄럭이는 바람마다 기원이 담겨있네
쉼 없이 돌아가는 황금빛 마니차
토번으로 시집가는 공주의 염원이 서렸는데,
빼앗긴 땅에서 포효하는
설산사자기* 속 신령한 흰 사자 두 마리
삼보의 진언을 담아 두고 온 어머니의 땅
그 먼 땅까지 오체투지를 하네
뒹구는 돌에도,
흔들리는 풀잎에도,

옴 마 니 반 메 홈
옴 마 니 반 메 홈
〉

아픈 소원이 담겨있네
슬픈 비원이 담겨있네

* 설산사자기(雪山獅子旗): 1912년에 만들어진 티베트 망명정부의 국기.

오늘 같은 날이면

비
자욱하게 이슬비 내리던 날
운무를 이끌고 트리운드* 골짝을 유영하던 솔개
앞서거니 뒤서거니 구름 속에서 구름과 함께 구름을 희롱하며 놀고 있다
폭포를 거슬러 오르는 등어登魚처럼 순간,
자맥질하다가 풍덩,
구름 파편을 만들기도 하고
주둥이 뾰족한 회색 갈까마귀 떼들이 흠칫, 놀라
허공중에 푸른 똥을 싸지르기도 한다

구름
지독한 안개는 구름을 만들고
갈까마귀 푸른 똥과
바람 고원에 두고 온 쓸쓸한 쵸르텐과
철석같은 믿음으로 켜켜이 쌓은 돌무더기
많이많이 마니단

기약 없이 흩어지는 한 가닥 순결한 카닥
맨발로 설산을 넘은 한 많은 역정과
한치 앞도 보이지 않는 깎아지른 절망을 뚫고
솔개, 날아오른다

안개
얼핏, 바람기둥 룽타
설핏, 바람 깃발 타르초
돌고, 돌고,
빙글 돌고 있을 마니차, 바퀴를 따라 도는 자욱한 코라
끝없이 이어지는 코라의 장엄

초르텐 거친 탱주 위에 후두둑,
눈물처럼 떨어지던 쓰린 날들의 상흔
한 모금 아롱지던 몽환이 안개처럼 사라진들,

* 트리운드Triund: 티베트 망명정부가 있는 다람살라 뒷산. 해발 2,875m.

점이지역漸移地域

잘 직조된 바다
포말처럼 이는 보풀
듬성듬성 구름 패턴
모래톱이 꿰맨 물의 솔기
파도,
소멸하는 경계
잘 조직된 하늘
보풀처럼 이는 구름
귓전을 두드리는 비의 씨앗
흔들리는 항적
이명으로 울리는 검은 우레

과거로 날아가는 점이지역

적막과 안락 사이

잎 넓은 그늘 아래 안락의자와
한 몸으로 누워있다
전기장판 속 웅크리던 몸의 기억이 벌써 아득한데
대숲 고양이와 주차장 고양이 끼니가 문득 궁금하다
안락한 의자 옆으로 앙상한 더운 나라 고양이
세로로 뜬 뾰족한 눈동자로
"갸르릉"
꼬랑지로 태우는 바람이 한가로워 살랑,
잎 넓은 더운 나라 나뭇잎이 쉬엄쉬엄 떨어지고
고양이도 잠들었는데
모란이 그려진 신앙촌 담요와
서둘러 파 놓고 도망친 내 몸 닮은 적막과
매화꽃 떨어지던 어느 해 봄날
꽃그늘 아래 고이 묻었던 정든 강아지도
꿈처럼 다녀갔는데
어느새 더운 나라 고양이
내 배 위에서 코를 묻고 있다

빠이* 통신

열여섯 시간
메홍손, 빠이, 치앙마이를 거쳐 어둠이 가시지 않은
방콕 북 터미널에 도착해 방금,
카오산 어디 남루한 숙소에 몸을 의탁했습니다
빠이 띠 집을 나오는 아침
자욱한 물안개가 빠이강 섶다리를 감싸고 나는
무심결에 훌쩍 다리를 건넜는데요
삐걱삐걱 댓살 부딪는 소리만 뿌옇게 남아있네요
아쉬워 과한 지난밤 숙취 탓이겠지요
안개가 끝나는 곳
어린 사미승 몇 탁발을 하데요
나는 공양할 것도 없어서 그저 길 건너에서 합장이나 할 밖에요
카오산 새벽은 지난밤 어둠의 여운이 안개로 남은 빠이강 풍경과
어쩌면 닮은 듯도 하더군요
이를테면 술꾼과 일꾼이 공존하는 시공간,

나무는 건물이 꽃은 네온이 뿌옇게 병치되는
카오산 길 위로 늙은 탁발승 맨발로
지난밤 질척했던 시간을 밟고 갑니다
나는 양말 빨아 널어놓고 뽀송뽀송 지난 꿈을 꿉니다

* 빠이: 태국 북부 매홍손 주의 작은 전원마을.

구름에 달 가는 몽키 바나나

강 건너 방을 잡은 건 참 잘했어요
오가며 다리를 건너는 건
푹신푹신 대나무 벽지를 밟는 느낌
통통 튀며 옆으로 게처럼 걷다가
비칠비칠 엎어져 개처럼 기다가
누워 하늘을 치어다보면
세상이 바로 보이기라도 하나

한발 한발 물 위를 걸어 피안으로 가는
나그네는, 구름에 달 가는 계란 프라이
몽키 바나나는 열 개에 백오십 원
바나나만 먹고 살 꺼다 멍키!
원숭이는 누가 돌보나요 멍키!
비틀거리는 개 닮은 원숭이를 지켜보고 서 있는
벽지로 엮은 대나무 다리 위 젊은 멍*

나는 차안의 다리를 건너기가 벌써 두려워

엉거주춤, 마시던 술병만 감추는 척 하는데
먹장구름이 개떼처럼 몰려와 계란 프라이를
뭉텅, 삼켜버린
상기想起도 얇어진 그날

* 멍Monk: 수도승.

꿀리

북 인도 심라에 가면
송구 작대기처럼 삐쩍 마르고 턱수염이 성성한
꿀리라는 남루한 종족이 산다
고도 2200미터, 평균 경사각 45도
이고 있는 머리가 버거운 곳
앞산처럼 무거운 짐 지고
뒷산처럼 커다란 짐 이고
가파른 계단을 오른다
꿀리라는 종족만 제외하면 심라에는
긴꼬리원숭이도 한가로이 풍요롭다
지고, 인, 무게가 무거울수록 그들
근심은 가벼워질까
지독한 안개 더듬어
스콜처럼 쏟아지는 비지땀 닦으며
송구 작대기처럼 삐쩍 마르고 턱수염 성성한
꿀리라는 종족의 카슈미르 사내들
두고 온 고향집

막막한 절망을 떠메고 오늘도 걷는다
묵묵하게 오른다

축제 초모리리*

불가해의 물결 위로 밤별들이 내려와 얼음골짝을 지나온 바람과 놀았다
촛불 그림자가 밤새 귀신 춤을 추다가 어스름 녘에서야 자취를 감추었다
축제의 아침에 눈이 내렸다
8월이었고 한여름이었다

불면의 밤이 그림자를 매고 따라왔다
그림자에서 언 빨래 소리가 났다

그림자가 온전히 내 안에 머무는 시간 동안 축제는 열렸고
거죽을 태울 듯 뜨거운 열기는 그림자마저 삼켜 버렸다

양떼구름이 마른먼지를 일으키자 파문이 일었다
하늘이 기우뚱 호수 쪽으로 비칠,
구름 몇 조각을 흘리기도 했다

〉

붉은 심장을 열어 퉁첸*이 울었다
소리가 무거워 호수바닥에 가라앉았다
소리에서 눈물 맛이 났다

샛별 지던 숱한 날
웅숭한 호수의 파랑을 넘어
그날,
열락의 축제를 기억한다

* 초모리리Tsomoriri Lake: 북인도 라다크에 위치한 해발 4,595m에 위치한 염호.
* 퉁첸: 티베트 전통악기, 스위스 알프호른 닮은 긴 관으로 주로 제의에 쓰임.

발문

유한성에 공손히 수그리는, 초식주의자의 미학

문동만 (시인)

예술가로서 그림을 그리는 것이 무엇인가를 오랫동안 생각한 끝에 깊은 슬픔을 만나는 것이라는 결론을 얻었다.

— 도리야마 디에코

형을 만난 건 그리 오래전은 아니다, 2016년이던가. 서울 혜화동에서 처음 만났다. 마로니에 공원 지하 전시장에서 그는 여러 시인들의 서화 작품을 전시하는 허드렛일을 열심히 하고 있었다. 나도 안상학 시인의 거의 반강제적이다 싶은 권유에 못 이겨 써보지도 않은 붓글씨 몇 점을 출품한 터라 설레기도 하고 면구스럽기도 한 자리였다. 그날 같이 밤늦도록 술을 마시고 무슨 말을 나눴는지 생각도 나지 않지만 그는 술 좋아하고 사람 좋아할 성 싶은 격의 없는 인상이었다. 그 자리엔 구중서 선생님과 안상학 형도 같이 있었는데 역시나 젊은 우리들이 술자리의 주제를 주도했고 구중서 선생님은 그 긴 시간을 마애불처럼 미동도 없이 간혹 추임새나 해주시며 동석해 주셨던 기억이 난다. 그는 화가이자 시인이고 시인이자 화가이다. 무엇이 더 큰 본업인지는 잘 모르겠으나 시는 먹고 사는데 큰 조력이 되지 않을 것만은 분명할 터이다. 소식이 궁금해 가끔 전화해 보면 안 받을 때도 있고 나중에 기별이 올 때도 있는데 외국의 어느 벽촌에 머물다 왔노라는 소식을 듣기도 했다. 그가 숯검정이 된 부지깽이 몇 개만 들고도 주유천하(周遊天下)하며 사는 삶이,(시인의 말에 썼듯이) 헛개나무 몇 그루를 심어 놓고 꿀을 치며 채마 밭을 가꾸며 시 쓰고 술 마시고 그림 그리며 사는 삶이 조금은 부럽기도 했다.

시인의 말에 등장하는 헛개나무는 간을 해독하는데 특효이고 꿀도 술독을 다스린다. 그 나무를 심어 가꾸며 상복하는지는 모르겠으나 상징적인 아이러니이기도 하다. 간을 해독하면 술을 더 먹게 되니 과연 그 작물이, 꿀이라는 채집물이 약인지 독인지 모를 일이다. 어차피 우리 생이 이러저러한 아이러니의 무한 변주 아니겠나. 그의 전공은 동양화인데 붓끝이 잔잔하면서도 호방하다. 서체도 무엇에 매이지 않는 독특한 분방함이 있다. 과문하지만 묵과 붓은 흘림과 농도의 예술이기도 할 터인데 그가 붓이라는 부지깽이를 쥐고 살게 된, 평생의 업이 된 서사가 이렇다 한다.

봄나물을 먹었네
무쳐먹었네
봄나물을 먹었네
데쳐먹었네
그냥 나물인줄만 알고 먹었네

삽작 밖으로 달려오는 부지깽이 어매와
삽작 멀리 도망가던 어린 내가
울컥,
목구멍에서 만났네

어매가 던진 부지깽이 끄트머리엔
숙제 안하고 놀기만 하는
아들 향한 애증이 박혀있었네
숯처럼 까맣게 탓을 젊은 어매

그런데, 어매!
어매는 내가 부지깽이 들고 먹고 살줄
어째 알았니껴?

—「부지깽이」 전문

부지깽이는 아궁이에 넣은 땔감을 뒤척여 불이 잘 붙도록 하는 막대기다. 막대기가 아궁이를 들락거리다 보면 끝에 불이 붙기도 하고 그것이 숯과 진배없는 필기구가 된다. 나도 아궁이에 불을 때다 불붙은 부지깽이로 부엌바닥에 뭔가를 끼적거리던 기억이 난다. 그림이기도 했고 욕이기도 했고 무슨 문장이기도 했을 것이다. 회화예술이나 문자예술의 시원이 낙서가 아닐까 싶기도 하다. 시인의 성장기를 보면 아주 성실한(?) 부류의 아이는 아니었던 것 같다. 공부보다는 놀기를 좋아하고 개구지고 엉뚱한 사유체계가 발달했을 것만 같은 까만 촌놈처럼 읽힌다. 부지깽이를 들고 삽작(사립문) 밖으로 아들을 잡으러 오는 엄마와 이를 피해 도망가던 아이가 먼 세월이 흘러 부지깽이 나물을 통해 조우하는 맛이라니.

꽃 피는 봄은 갔다
지는 꽃은 다 계절 탓인 줄 알았다
쓸쓸한 바람이 녹음 위로 지나갔다
먼저 진 꽃자리마다 짓무른 화농化膿이 피를 토한다
상처 위로 쏟아붓던 한 움큼 에탐부톨 같은
검붉은 열매가 떨어진다
떨어진 자리,
한 땀 두 땀 바늘땀 기억이 시퍼렇게 생생하다

밟힐수록 선명한 붉은 맹서가 아물지 않은 흉터 위에 각인 된다
이지러진 그대 꿈을 친친 짓이겨
혈서를 쓴다
밟을수록 선명한 혈서를 쓴다
아직,
갈빗대 사이 서늘한 바람이 분다
가슴 한켠 아물지 않은 상처가 있다

—「각혈咯血」 전문

에탐부톨이란 어휘에서 한참 머뭇거렸다. 생소한 약명이기도 하거니와 시인의 살집 없는 체구가 떠올랐다. 화자는 갈비뼈 안쪽이 아픈 큰 병을 앓았을 것이 틀림없다. 각혈과 갈빗대 사이의 통증, 입에서 피를 토할 때의 두려움은 짐작해 본 적도 없지만 몸의 고난을 통해 "꽃 피는 봄은 갔다"고 자탄하는 마음이 무엇일지는 맥이 잡힌다. 우리는 큰 병을, 혹은 큰 고난을 앓고 난 사람들이 한결 낮은 숨소리를 내고 사는 걸 볼 수 있다. 타자의 고통에 더 연민하는 쪽으로 감정이 더 진화하기도 하는 걸. 고통 뒤에는 열망도 생기는데 그것은 놓고 살아야 한다거나, 욕망을 덜 하려는 욕망—일 경우가 적지 않다.

그는 강가에 산다

그도 한때 도시에서 살았다
그는 언제나 돌을 깬다
그는 언제나 돌을 쫀다
그는 언제나 돌을 간다
그 돌의 정체는 도시에서 쓸모를 다한 돌이다
깨고, 쪼고, 갈아서 완성한 그의 작품은
방금, 타조가 낳은 따뜻한 알보다 크거나 조금 작거나
하지만, 타조 알보다 분명 뜨겁다는 사실
언젠가 그에게 조각을 하지 왜 철학을 하느냐며 타박을 주기도 했지만
손등 위 굵은 혈관만이 가쁘게 헐떡일 뿐
알 수 없는 미소만 띤다

—「강돌 만들기 —조각가 안시형에게」 부분

시인의 벗으로 보이는 조각가는 쓸모를 다한 돌을 다듬어 실내 작업실이나 갤러리에 놔두지 않고 다시 강가에 놓아둔다. 자연 속으로 돌아가지 못하는 돌들을 채집하고 가공해 자신의 소유물로 여기지 않고 다시 자연화 하는 예술적 태도를 타박해 '왜 철학을 하느냐?' 묻지만, 이미 그 사람에게 동화되고 있는 화자의 지문같이 느껴진다. 그리하여 이 자연 속의 전시장에 어떤 방문객들이 있단 말인가!

꺽지, 빠가사리, 모래무지, 퉁가리, 참마자, 피라미, 갈

겨니, 끄리, 참종개 등등
  이름도 알 수 없는 수많은 갤러리들이 다투어 분양경쟁
을 하는 듯 보였다
  수량이 줄 땐 잠자리도 날아와 고상한 연애를 한다며 매
우 흡족해 해서
  덩달아 흡족해 하기도 했다

—「강돌 만들기 —조각가 안시형에게」 부분

이 시는, 혹은 여기에 등장하는 예술가의 태도는 많은 시사점을 보여준다. 겸양의 관점에서 보자면 시라는 것도 언어의 채집이다. 서사의 채집이며 이미 존재하는 철학과 사유의 모방이나 변용일 때도 적지 않다. 그런 의미에서 순수한 창작이라는 것은 불가능한 영역이 아닐까 싶기도 하다. '독특한 창작' 이라 부른다면 모를까. 시는, 혹은 문자 예술은 써서 내보이는 순간, 자신의 것만은 아니고 독자를 통해서 재해석 되고 변용된다. 그것이 역동적인 예술의 가치이자 확장력일 것이다. 이 사회는 사적 소유의 욕망으로 들끓는 세상이다. 결국 자연을 점유하고 훼손하는 능력이 인간의 유능한 능력이 돼버린 시대에 절박한 정신은 내 것으로부터 '놓아 주는 것' 이 아닐까. 더 많은 소유와 집착으로부터의 회피가 아닐까. 가만히 놔주는, 힘을 뺀 손아귀를 갖는 것이어야 하지 않을까.

저 산과 이 산이 비껴가는 계곡 사이를
휘적휘적 걷다보면
봄물은 질컥이고,
우거진 잡목 사이 진달래 붉은 꽃이 설핏설핏 피었는데,
그 색이 꼭,
늙은 어매 꽃 시절 널어놓던 낡은 서답 같아
참, 황망하고 쓸쓸하다

꿀밤나무 뻗친 가지에는

입 같지도 않은 잎들이 투덜거리며 말을 하는데,
말 같지 않은 말들을 귀 기울여 듣다보면
이 나이 먹도록 자식 걱정 애간장 끓이는
울 어매 지청구 같아
애먼 가지 하나 뚝, 분질러
우적우적 붉은 꽃잎 씹어 삼킨다

꽃맛이 쓰고 떫다

—「꽃맛」 전문

우거진 잡목 사이에 핀 진달래를 보며 젊은 날의 엄마를, 엄마의 널어놓은 붉은 빛 도는 서답(면생리대)을 떠올리는 아득함이라니. 어릴 적에 장롱에 있던 후리덤이라는 일회

용 생리대란 것이 뭔지도 모르고 신기해 친구들에게 이게 뭔지 아느냐고 물어봐도 아무도 모르던 촌구석에 살던 나로서는, 이태 전에 돌아가신 어머니 생각이 났다. 내가 가장 어렸고 엄마가 가장 젊었을 때의 얼굴이, 머리칼에 배인 불내와 끌어안고 자면 향긋했던 엄마 냄새가. 엄마는 솔가리를 긁어 칡넝쿨로 묶은 커다란 롤케익 같은 나뭇동을 머리에 이고, 나는 작은 지게에 몇 짐의 나뭇짐을 지고, 진달래꽃을 꽂고 위태하게 흔들리며 산길을 걷는 엄마를 걱정하던 어린 내가 떠올랐다. 시인의 아직도 어머니의 애를 끓이고 지청구를 먹는 그 맛이란 것이 진달래꽃 같은 살짝 달았다가 끝내 떫게 남는 회한의 맛임을 알 것 같기도 하다.

노모차는 근래 출시된 친환경 경노애친敬老愛親 차량이다

노모차의 다른 이름은 실버차 혹은 보행보조차로 불리기도 한다

이 차는 엄격한 규정에 의거 아무나 운전할 수 없는 특수 차량이다

노모차를 애용하는 노모차전국연합老母車全國聯合에서 암묵적으로 제시한 운행자격 및 주의 권고사항을 살펴보면 다음과 같다

첫째, 맞벌이 자식을 둔 할머니로서 첫 돌부터 유치원

입학 전까지 손자를 태우고 주행연습을 한 경력을 통장이나 이장을 통해 확인할 수 있어야 한다

둘째, 40년 이상 과도한 노동으로 고질적인 척추 협착증이나 퇴행성관절염 내지는 골다공증을 앓고 있다는 의사의 소견이 첨부 되어야 한다

셋째, 인도人道에서는 6 · 25동란 후 출생한 젊은이의 보폭을 추월해 운행하거나, 내리막 차로에서 옆 차량을 추월하여 운전자의 간담을 서늘케 하는 행위를 금지한다

넷째, 미 자격자가 노모차를 이용해 교통 병목구간에서 상습적 상행위를 했을 시 노모차전국연합 회원이 될 자격을 영구히 박탈한다

다섯째, 졸지에 부자가 된 자식이나 먼저 간 영감님이 남겨주신 재산으로 과도하게 차량을 치장하여 안전운전에 지장을 초래하거나 위화감을 조성해 마을에 풍파를 일으키는 일의 자제를 권고한다

여섯째, 차량이 노후 되거나 싫증이 나거나 옆집 할머니가 더 좋은 노모차를 뽑았을 때는

가차 없이 손자에게 전화하거나 바퀴 하나를 뽑아 버리

고 며느리에게 전화한다

일곱 번째, 아들집 전화번호가 아른아른하거나 손자 얼굴이 가물가물하거나 먼저 가신 영감님이 젊은 모습으로 비단금침에 드시거나, 하는 현상이 반복되면 노모차를 깨끗이 닦아놓고 편안하게 왔던 길을 되짚어 가시면 된다

돌돌돌,

—「노모차老母車」 전문

유모차가 아이들을 태우는 용도보다 노년의 허무를 보여주는 상징물같이 돼버렸다. 그 작은 바퀴들은 어쩌면 자식보다 나은 수발을 들고 있다. 이를 제재로 쓴 여러 편의 시를 봤지만 이 시는 마치 만담 같은 유머스러움을 선사한다. 대개 생의 말미를 비장미나 엄숙미로 다루지만 이런 골계미가 더 필요한지도 모른다. 더 유쾌하고 리얼한 전원일기같이 말이다. 시편 곳곳에는 이상열 특유의 장난기가 적지 않다. 그러니까 부지깽이로 혼났을 것이고 더 진화된 붓을 들고 작품을 그리며 가르치며 밥을 벌어먹으며 살고 있을 것이다, 이 생래적인 천성을 고쳐 달리 살기 쉽지 않으리라. 우리가 농담을 많이 하려는 것은 슬픔의 서정이 충만하지 않아서가 아니라 심신을 뚫고 나간 비극을 견디기 위한 자구책이기도 하다. 오십대를 넘기면 우리는 대개 고아

가 되거나 고아가 될 준비를 해야 하고 아이들은 청년기로 접어들 것이다. 세대의 소멸과 새로운 입성을 실감할 나이가 된다. 시인에게도 그러한 과도기가 몰아친다.

안동병원 응급 중환자실
기계가 뿜어주는 공기로 생존하고 있는
아버지 동공은 응급실 천장 너머 저 멀리
어딘가를 주시하는지 알 수 없고
아버지 묶인 두 손에 남아있는
온기를 느끼던 마지막 밤이 지나고
눈물도 없이 그만
아버지 손을 놓쳤다
앞서가는 아버지를 따라가는 길가엔
조등을 밝힌 등꽃이 새벽을 열었고
덜컹,
아버지 청춘을 바쳤던 철로 너머
통근열차가 느리게 지나가고

〈들밥 주문 배달합니다〉
〈가는 정 오는 정 T.635-5805 영주시 영주로 334. 청구하이츠 상가〉

엄마가 이고 온 따순 들밥을

오순도순 나눠먹던 연못가 뗏장 위 아버지 자리가
문득 생각나 눈물이 핑 돌았다

—「들밥」 전문

나는 서사가 개입된 시들, 삶의 내막이 들어 있는 시들을 좋아하는 편이다. 삶의 세부를 드러내되 묘사와 진술과 사유가 융화된 시들, 평범한 삶들 속에서 비범함을 끄집어내는 시들에게 매혹을 느낀다. 핏줄은 관념이나 아포리즘으로 다뤄지지 않는 실감적인 진술의 영역이다. 우리가 함께 들밥을 나눠먹던 밥자리가 영영 누워야 할 묫자리이기도 하다는 시적 상황에 여러 상념이 든다. 나는 어떤 글에서 '유한성에 포획된 우리의 운명이 예술할 힘을 주는 것이다' 이런 비슷한 문장을 쓴 적이 있었다. 영생하는 세계에서 예술이 무슨 필요가 있을까. 그 심심한 세계가 지옥일지도 모른다고. 지난 6월 우리는 안타깝고 슬픈 별리를 겪었다. 바로 〈녹색평론〉 김종철 선생의 안타까운 소천이다. 근자에 그분의 저작들을 읽다가 희한하게도 내 정념과 일치하는 여러 문장을 접하고 그분 아래서 배운 바 없으나 '입장의 동일함' 이라는 측면에서 얼마간 경이롭기도 해서 선생님의 부재가 더 속상했다. 선생님이 글 속에 자주 상용하는 인상적인 어휘는 '환대' 였다. 너무 똑똑하거나 여러모로 가진 것이 많은 사람들에게 결여된 것이 있다면 타인을 대할 때의 거만함 같은 것인데 어쩌면 이러한 철학도 '생명'

과 '소유'를 바라보는 관점에서 파생된 것이 아닐까 싶다, 자신이 유한성의 존재임을 자각할 때는 내 것은 내 것만은 아니게 되고 타자와 온생명들이 귀하게 존중하며 어울려 살아야 할 환대의 대상이 될 테니 말이다. 정말 세상에 긴요한 사람들은 무슨 연유인지 생각보다 일찍 저편으로 떠나고 환대의 웃음만이 아프게 선연하다.

> 이렇게 신록의 계절이 되면, 우리가 꽃을 보고 나무를 보고 있으면 저절로 기분이 아주 좋아집니다. 아름다움에 그냥 취하잖아요. 까닭 모르게 생명감이 느껴지고 생에의 의욕이 생기죠. 왜 그럴까요? 우리가 이 세상에서 죽지 않고 무한히 살게 된다면, 그게 가능할까요? 저 나무와 꽃들을 보고 형언할 수 없는 고양감이 솟아날 수 있을까요? 세상의 아름다움에 대한 우리의 느낌, 이 절실한 느낌은 결국 언젠가는 내가 이 세상을 하직할 것을 아는 것임을 알기 때문에 일어나는 느낌입니다. 그러니까 죽음 혹은 죽음에 대한 우리의 의식이 세상을 아름답게 만든다고 할 수 가 있죠. 그러니까 죽음이라는 것은 결코 결함이 아닙니다.
>
> —「근대문명에서 생태문명으로」 김종철 선생 강의록 일부

시인이 가끔 SNS에 올려주는 그림 중에 히말라야 고원을

그린 연작들이 인상적이었다. 그 수묵 속에 담긴 신령한 산세와 사원들이란 초현실적인 풍경이기도 하다. 왜 그가 그런 그림을 구도하는지 연유는 잘 모르지만, 그림도 시도 세계관과 이상향을 반영한다고 볼때 그는 화려한 문명세계보다는 느리고 평화로운, 덜 물신화 된 세상을 동경하고 있으리라 짐작된다. 그가 여행하며 얻은 시편 속에 등장하는 히말라야 주변의 티벳, 라다크, 인도의 북부 산간마을이나 태국의 산간 오지는 이른바 자본주의의 거센 파고에 덜 휩쓸린 곳들이다. 자연을 지배하는 인간이 아니라 자연과 공생하는 존재로서의 인간들이 남아 있는 곳이다. 알다시피 그 인근에 있는 부탄이라는 나라는 세계 최초로 행복지수라는 것을 도입하여 문화적, 제도적 자긍심을 갖고 산다고 한다. GNP나 GDP 등으로 불리는 자본주의적 경제지표와는 판이한 관점인데 이는 경제력만이 삶을 행복하게 해주는 것이 아니라는 너무나 당연한 문제의식에서 비롯된 것이다. 나한테 '당신은 행복한가?' 묻는다면 확답할 자신이 없다. '우리는 서로 연결된 존재' 로서 존중하고 환대하며 덜 비교하며 질시하지 않으며 나누며 살 수 있는가? 묻는다면 이 또한 머뭇거릴 것이다. 그러므로 시인은 이 세상에 부재한 곳, 희소하여 아름다운 곳을 목마르게 찾고 있는지 모른다.

돌칼과 돌도끼는 집에 두고
목장갑 끼고 온 산을 헤집었다

산돼지 가족은 나를 본체만체 가기도 하고
고라니는 골짜기를 다 깨울 듯
노랑먼지가 뿌옇다

그 골짜기에 언제부터 박혀있는 개 뻑다구를
오늘 조심히 발굴했다
풍화된 두개골은 부스스 떨어졌지만
여전히 결속된 이빨
날것을 씹던 육식의 날들이 가보지 못했던
선사처럼 멀다

들숨,
치근齒根으로 엄습하는 얼음송곳
날숨,
귓바퀴 위로 전이되는 편두통

고사리 허리를 똑,
분지르면 사라지는 신기한 통증
처방전 없는 진통제 한 아름 꺾어들고
나물밥 먹으러 간다

맛없는 고기는 이제 그만 씹어야 한다

—「채식주의자」 전문

고라니처럼 산을 헤집고 돌아다니는 원시인 같은 사람이 보인다. 그는 태초 잡식 동물이었으나 이제 돌칼과 돌도끼를 들고 다니지 않는다. 머리뼈조차 풍화됐으나 '여전히 결속된 이빨'을 드러내는 뼈다귀를 보며 먹고 사는 일의, 혹은 다른 생명의 살을 잡아먹고 사는 일의 허무를 보게 된 것이다. 이제 그의 치근과 신경도 정상이 아니다. 씹을 수 없는 고통이 있고 고기를 먹지 못하는 것도 처음에는 고통이었을 것이다. 그런데 그 고통이 평화로운 숲에서 고사리를 꺾을 때면 사라진다는 것, 다른 살을 탐하는 인간의 체질이 제 고통과 약육강식의 종국을 보여주는 신랄한 뼈들의 형체를 보며 바뀌기도 했다는 것이다.

직근直根으로 와 통꽃으로 갔다

담을 수 없는 통한으로 갔다

붉은 흙 위 더욱 선연한 핏자국

야만의 시간은 침묵을 강요하지만 꽃은

오늘도 피고

내일도 피어

지축을 흔드는 함성으로

결단코 살아낼 것!

—「동백꽃 피에타 -도미야마 다에코* 판화를 보고」 전문

도리야마 디에코, 그녀는 일본제국주의의 만행을 정면을 고발하고 고해하는 일본의 희소한 예술가다. 〈동백꽃 피에타〉는 다름 아닌 80년 5월 광주에서 계엄군에 학살된 자식을 끌어안고 울부짖는 어머니의 모습을 파낸 판화작품이다. 그녀는 이 작품뿐 아니라 여러 편의 광주항쟁 연작들을 울며 칼끝으로 파냈다고 한다. 올해 나이 100살, 길고 가늘게 가는 삶이 아니라, 굵고 길게 지침 없이 가는 참여적 예술의지가 경이롭다. 역사적 서정을 가진 존재로서의 예술가와 자연적 서정을 지닌 존재로서의 예술가가 따로 존재하는 것은 아닐 것이다. '깊은 슬픔은 만나는 것' 을 예술의 종착지로 생각했다는 도리야마 디에코의 말은 정작 시인의 독백 같기도 하다. 이 시를 보며 우리가 살며 쓰고 그린다는 것의 의미가 무엇인지를 생각해본다. 협애한 나르시즘을 벗어난 타자의 아픔에 동화하려는 천성이자 의지이며 지성으로서의 시인이란 존재를. 일관성이라는 것이 '변하지 않음'의 대척점에 서 있는 말도 아님을 생각해본다. '구근으로 와 통꽃으로 지더라도' '결단코 살아내는 것' 이 다만 연명하기만 하는 존재로서의 삶이 아니라 뭐라도 의미있는 일을 사는 것, 회의하되 냉소하지 않고 놓되 집중하는

태도를 갖는 것이 어떻게 가능할 것인지도 헤아려 본다.

본다고 봤으나 형의 시를 제대로 봤는지 잘 모르겠다. 시보다 큰 사람이 있고 사람보다 큰 시가 있다는데 다른 건 몰라도 형은 환대하므로 환대 받는 사람임이 분명하다. 부디 성긴 풀들을 힘껏 뜯어 먹을 수 있는 치근을 회복하고 헛개나무의 조력 없이도 살아가는 날들을 힘껏 일으키길 바라는 마음만 남쪽으로 보낸다. 우기에 어디로 날아가야 할지 모르는 잠자리의 꽁무니에 매달아.

애 지 시 선

002 붉디 붉은 호랑이 장석주 시집
003 붉은 사하라 김수우 시집
004 자전거 도둑 신현정 시집
005 정비공장 장미꽃 엄재국 시집
006 기차를 놓치다 손세실리아 시집
007 바람의 목례 김수열 시집
008 그리운 연어 박이화 시집
009 뜨거운 발 함순례 시집
010 정오의 순례 이기철 시집
011 그 남자의 손 정낙추 시집
012 즐거운 세탁 박영희 시집
013 구룡포로 간다 권선희 시집
014 좋은 날에 우는 사람 조재도 시집
015 여수의 잠 김열 시집
016 축제 김해자 시집
017 뜻밖에 박제영 시집
018 꽃들이 딸꾹 신정민 시집
019 안개부족 박미라 시집
020 아배 생각 안상학 시집
021 검은 꽃밭 윤은경 시집
022 숲에 들다 박두규 시집
023 물가죽 북 문신 시집
024 마늘 촛불 복효근 시집
025 어처구니 사랑 조동례 시집
026 소주 한 잔 차승호 시집
027 기찬 날 표성배 시집
028 물집 정군칠 시집
029 간절한 문장 서영식 시집
030 고장 난 아침 박남희 시집
031 하루만 더 고증식 시집
032 몸꽃 이종암 시집
033 허공에 지은 집 권정우 시집
034 수작 김나영 시집
035 나는 열 개의 눈동자를 가졌다 손병걸 시집
036 별을 의심하다 오인태 시집
037 생강 발가락 권덕하 시집
038 피의 고현학 이민호 시집
039 사람의 무늬 박일만 시집
040 기울어짐에 대하여 문숙 시집
041 노끈 이성목 시집
042 지독한 초록 권자미 시집
043 비데의 꿈은 분수다 정덕재 시집
044 글러브 중독자 마경덕 시집
045 허공의 깊이 한양명 시집
046 둥근 진동 조성국 시집
047 푸른 징조 김길녀 시집